BOEKANALYSE

De rode
en de zwarte
· · · · · · · · · · · · · ·

Stendhal

BOEKANALYSE

Geschreven door Vincent Jooris
Vertaald door Nikki Claes

De rode en de zwarte

STENDHAL

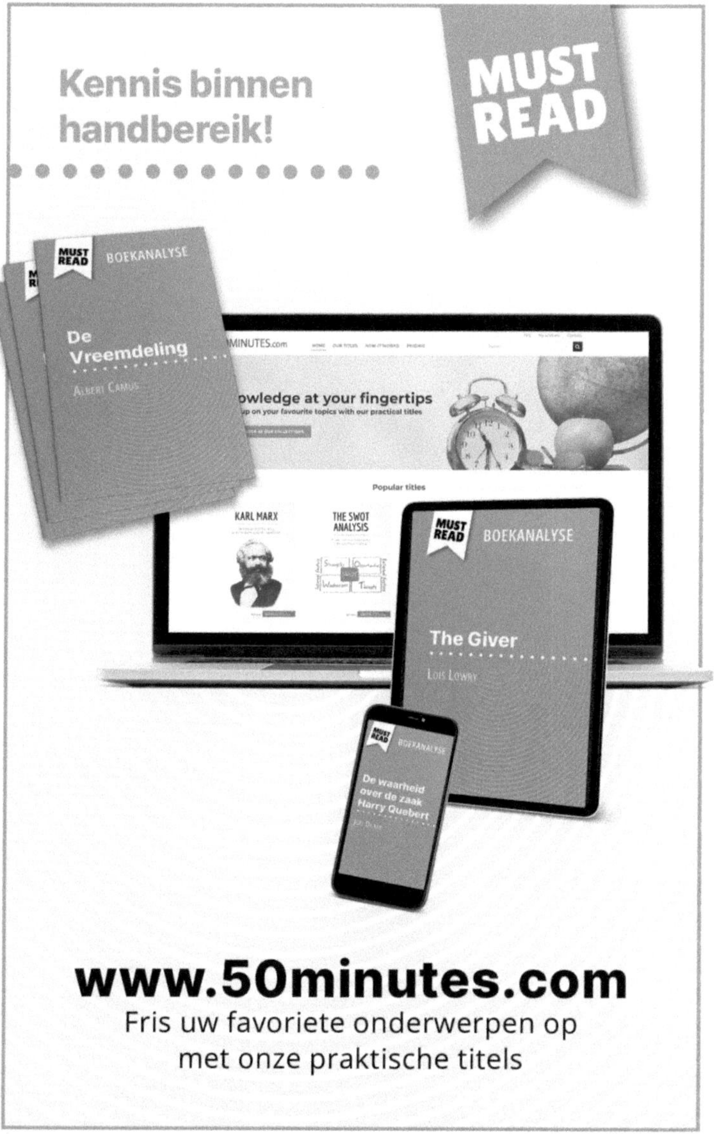
Kennis binnen handbereik!
MUST READ
MUST READ
BOEKANALYSE
De Vreemdeling
Albert Camus
Popular titles
KARL MARX
THE SWOT ANALYSIS
MUST READ
BOEKANALYSE
The Giver
Lois Lowry
MUST READ
BOEKANALYSE
De waarheid over de zaak Harry Quebert
www.50minutes.com
Fris uw favoriete onderwerpen op
met onze praktische titels

STENDHAL

FRANS SCHRIJVER EN KUNSTCRITICUS

- **Geboren in 1783 in Grenoble**
- **Overleden in 1842 in Parijs**
- **Opmerkelijk werk:**
  - *Vanina Vanina* (1829), kort verhaal
  - *De rode en de zwarte* (1830), roman
  - *Het Charterhuis van Parma* (1839), roman

Stendhal, wiens echte naam Henri Beyle was, werd in 1783 in Grenoble geboren in een burgerlijke familie. In Parijs, onder het Directoire, werd hij gepassioneerd door de debatten die zijn kritische geest scherpten. Hij ontdekte Italië en Duitsland tijdens militaire campagnes in het leger van Bonaparte. Na 1815 werd hij kunstcriticus in Milaan en schreef hij toeristische werken die hij onder zijn pseudoniem ondertekende. Vanaf 1830 benoemde Louis-Philippe hem tot Frans consul in Triëst en vervolgens in Civitavecchia. Hier voltooide hij zijn beroemdste romans (*Het rood en het zwart* (1830), *Het Charterhuis van Parma* (1839)) en een autobiografie (*Het leven van Henry Brulard* (1835-1836)). Een beroerte bracht hem in 1841 terug naar Parijs. Hij stierf het jaar daarop en liet verschillende manuscripten onvoltooid achter.

DE RODE EN DE ZWARTE

HET OPMERKELIJKE LOT VAN JULIEN SOREL

- **Genre:** roman
- **Referentie-uitgave:** Stendhal (2004) *Het rood en het zwart.* Trans. Raffel, B. New York: Modern Library Classics.
- **Eerste uitgave:** 1830
- **Thema's:** liefde, ambitie, inwijding, desillusie, overspel, jeugd, sociale klassen

The Red and the Black werd gepubliceerd in november 1830, maar kreeg toen niet hetzelfde succes als nu.

Het verhaal speelt zich af tussen 1826 en 1830 en vertelt voornamelijk het verhaal van de romantische relatie tussen Julien Sorel, een jonge seminarist en Madame de Rênal, een oudere dame wiens man haar niet begrijpt.

De titel van het boek is voor velerlei uitleg vatbaar. Voor sommigen symboliseert het een militair uniform (waar Julien van droomde) en de toog van een priester (Julien wijdt zich uiteindelijk aan een kerkelijke carrière). Anderen zien het zwart als hypocrisie, terwijl Julien de voorkeur geeft aan het rood van het offer. Weer anderen koppelen de titel aan de kleuren die gebruikt worden bij kansspelen (zoals roulette of kaarten) of politieke partijen.

SAMENVATTING

DEEL EEN

Hoofdstukken 1-7

Verrières is een klein, denkbeeldig dorpje in de Franche-Comté. Julien Sorel is de derde zoon van een timmerman. Omdat de zucht naar onderwijs van het kind de minachting van zijn vader oproept, neemt pastoor Chélan hem onder zijn hoede: Julien reciteert met hem het Nieuwe Testament, terwijl hij stiekem gefascineerd is door het leven van Napoléon Bonaparte.

Op aanraden van de priester huurt Monsieur de Rênal Sorel in om zijn kinderen bijles te geven. De jonge, verlegen man vindt zo zijn weg naar de wereld van de bourgeoisie in de provincie. Madame de Rênal toont een onschuldige belangstelling voor hem.

Hoofdstukken 8-17

Wanneer Elisa, het dienstmeisje van de Rênals, een erfenis ontvangt, wil ze met Julien trouwen, maar hij weigert. Opgelucht is Madame de Rênal verrast door haar gevoelens voor de leraar.

In het kasteel van de familie Vergy begint Julien Madame de Rênal te verleiden. Hij vordert langzaam totdat hij, ondanks zijn onhandigheid, met succes in haar slaapkamer komt.

Madame de Rênal wisselt tussen schuldgevoel en genegenheid. Wat Julien betreft, zijn berekende kilte maakt uiteindelijk plaats voor echte gevoelens.

Hoofdstukken 18-23

Een naamloze koning arriveert in Verrières. Dankzij Madame de Rênal treedt Julien op als ceremoniële bewaker voor de gelegenheid, wat argwaan wekt. Sorel kijkt naar de ceremoniële optocht van de bisschop van Agde die zijn kerkelijke ambitie nieuw leven inblaast.

De jongste zoon van de Rênals wordt ziek, wat het schuldgevoel van zijn moeder weer aanwakkert. Er gaan geruchten over haar relatie en Monsieur de Rênal ontvangt een anonieme brief om hem te waarschuwen. Met een valse brief slaagt de vrouw erin de twijfels van haar man voorlopig weg te nemen.

Julien dineert bij de Valenods thuis. De Valenods hebben een rivaliteit met de de Rênals over de controle van Verrières.

Gewaarschuwd door Elisa over Juliens overspel, eist vader Chélan dat hij Verrières verlaat voor het seminarie in Besançon. Julien stemt in met zijn vertrek, maar belooft Madame de Rênal dat hij haar regelmatig zal opzoeken.

Hoofdstukken 24-28

In een herberg in Besançon ontmoet Julien Amanda Binet. Op het seminarie test pater Pirard Julien met een lang interview waarbij Sorel flauwvalt. De jongeman wordt het doelwit van zijn jaloerse klasgenoten. Vader Frilair betrapt hem tijdens het examen.

Hoofdstukken 29-30

Op advies van Vader Pirard neemt de Markies de La Mole Julien in dienst als zijn secretaris. Op een nacht keert de jongeman terug naar Verrières om Madame de Rênal weer te zien. Zij verbergt hem, maar de volgende nacht moet hij vluchten, achtervolgd door de geweerschoten van Monsieur de Rênal.

DEEL TWEE

Hoofdstukken 1-6

Julien gaat naar het huis van de Markies de la Mole in Parijs. De dochter van de markies, Mathilde, irriteert Sorel mateloos. Door een misverstand daagt Julien een ridder uit voor een duel en om zijn eer te beschermen laat de ridder Julien geloven dat hij de biologische zoon van de markies is.

Hoofdstukken 7-20

Monsieur Valenod wordt de nieuwe burgemeester van Verrières. De markies de la Mole, die al zeer hoffelijk is, wordt nog vriendelijker tegen Julien. Mathilde, verloofd met de markies de Croisenois (een van haar vele vrijers), stelt zich het saaie leven voor dat haar te wachten staat.

Er vindt een bal plaats in het Retz hotel. Mathilde wordt aangetrokken door Juliens politieke uitspraken en waardeert zijn originaliteit. De twee jongvolwassenen hebben vele debatten. Julien geeft haar inzicht in zijn revolutionaire opvattingen. Mathilde wordt vervolgens verliefd op de jongeman, maar hij vertrouwt haar niet. Mathilde schrijft hem om een afspraak te maken. Hij aarzelt, maar gaat toch en zij wint hem voor zich. Het lijkt meer een geplande liefde te zijn dan een hartstochtelijke liefde. Het paar wisselt af tussen ruzie en verzoening, tussen geluk en teleurstelling.

Hoofdstukken 21-28

De Markies de la Mole belast Julien met een missie; secretaris zijn tijdens een vergadering van aristocratische royalistische samenzweerders en vervolgens een verslag naar Straatsburg sturen. Wanneer hij in Straatsburg aankomt, luistert hij naar het romantische advies van Prins Korasoff. Terug in Parijs maakt Sorel een praatje met zijn uitverkoren "prooi": de Marechale van Fervaques. Hij herschrijft de liefdesbrieven die Korasoff hem als voorbeeld had gegeven. Tijdens een diner in het huis van de Marechale de Fervaques komt Julien Mathilde tegen die hij bijna vergeten was. Mathilde ziet dat hij de Marechale het hof maakt en wordt opnieuw verliefd op hem.

Hoofdstukken 29-34

Mathilde ontmoet Julien. Als ze erachter komt dat hij een spelletje brieven schrijft met de Marechale de Fervaques, is ze geërgerd en heeft ze spijt dat ze Julien heeft laten lijden door haar trots. Sorel zet een koude façade op en wint Mathilde dan weer voor zich.

Mathilde vertelt haar vader dat ze zwanger is; de markies is woedend en Julien vlucht. Uiteindelijk besluit de markies de la Mole de zaken in eigen hand te nemen; hij veredelt Sorel en verleent hem de functie van luitenant der huzaren. De jongeman viert feest, maar de markies vermijdt nog steeds de kwestie van het huwelijk ter sprake te brengen.

Hoofdstuk 35

De biechtvader van Madame de Rênal moedigt haar aan een brief naar de markies te sturen, waarin zij Juliens immorele verlangens aan de kaak stelt. Elke mogelijkheid van een huwelijk tussen hem en Mathilde komt daarmee te vervallen. In een vlaag van woede haast Sorel zich naar Verrières. Tijdens de mis schiet hij Madame de Rênal twee keer neer en wordt gearresteerd.

Hoofdstukken 36-45

Tijdens zijn gevangenschap in Besançon verneemt hij dat Madame de Rênal het heeft overleefd. Paradoxaal genoeg houdt Julien nog meer van haar als hij dit hoort en heeft hij spijt dat hij geprobeerd heeft haar te vermoorden.

Hij denkt ook na over de toekomst van Mathilde en zijn kind; hij zegt haar te trouwen met Croisenois. Mathilde probeert hem op verschillende manieren te redden; het belangrijkste is dat ze naar pater Frilair gaat, die haar verzekert dat hij de jury en de openbare aanklagers kan beïnvloeden; in ruil daarvoor wil hij bisschop worden. Pater Chélan en Fouqué bezoeken Julien, maar hij weigert zijn vader te zien. Madame de Rênal schrijft ook naar de jury en vraagt om clementie.

Julien is niet langer ambitieus. Hij verwaarloost zijn verdediging en zijn pleidooi is slechts een aanklacht tegen de burgerlijke klasse. De rechtbank veroordeelt hem ter dood.

Mathilde wil dat hij in beroep gaat, maar hij weigert; als Madame de Rênal hem dat vraagt, stemt hij toe. Mathilde is depressief. Sorel stemt er eindelijk mee in om zijn vader te zien. Julien weigert Madame de Rênal gratie te laten vragen aan de koning. Hij gaat resoluut de dood tegemoet en wordt geëxecuteerd.

Mathilde begraaft Julien's hoofd. Madame de Rênal sterft drie dagen later.

KARAKTERSTUDIE

JULIEN SOREL

Aan het begin van de roman is Julien 19 jaar oud en aan het eind, in 1830, is hij 23 jaar oud. Hij is moederloos, heeft een vader die hem veracht en is de zondebok van zijn broers. Hij is een leergierige jongeman die leeft bij een familie die hem niet begrijpt en die hij haat. Hij is wantrouwend en ziet overal spot en plagerijen: "hij was een ellendige man die in oorlog was met de hele maatschappij" (Deel 2, hoofdstuk 13).

Zijn fysieke verschijning geeft een indruk van jeugdige kwetsbaarheid, ondanks de soberheid van zijn blik: "tot haar groot genoegen had zij in deze noodlottige leermeester de verlegen houding van een jong meisje gezien, hoewel zij voor haar kinderen zijn hardvochtigheid had gevreesd" (deel 1, hoofdstuk 6).

In deze vijandige wereld reageert Julien met hypocrisie. Maar ondanks het masker dat hij draagt, kan hij zijn ware persoonlijkheid niet voortdurend verbergen. Dit maakt dat degenen tot wie hij spreekt zich enigszins ongemakkelijk voelen, omdat zij expliciet zijn afkeer van vulgariteit en zijn ambitie kunnen zien: "Ik zie iets in u dat grove ziel beledigt. Jaloezie en laster zullen u achtervolgen. Waar de Voorzienigheid je ook plaatst, je collega's zullen je nooit zien zonder je te haten" (Deel 1, Hoofdstuk 29).

De verteller gebruikt vaak de uitdrukking "onze held" om hem te beschrijven, en komt tussenbeide om zijn zaak te bepleiten of om gewoon zijn mening te geven. De verteller geeft hier en daar zijn privé gedachten, zoals "wat een medelijden met onze boerenkinkel" (Deel 1, Hoofdstuk 24).

Bovendien houdt de verteller de collusie tussen de lezer en Sorel in stand door diens interne gedachten te onthullen. Deze monologen zijn bijzonder geschikt voor een eenzame held die alles verbergt, zowel zijn bedoelingen als zijn kwetsbaarheid. Via ditzelfde proces merkt de verteller ook de groeiende liefde van Madame de Rênal op, nog voordat zij er zelf bewust van is, en transcribeert hij de hartstochtelijke wendingen van Mathilde.

MADAME DE RÊNAL

Door haar religieuze opvoeding en haar huwelijk op 16-jarige leeftijd heeft ze veel levenservaring gemist. Emotioneel, naïef en geheimzinnig, beseft ze niet dat ze haar man verveelt. Daarom is de opvoeding van haar drie kinderen haar belangrijkste prioriteit.

> *"Zij was een lange, goedgebouwde vrouw, die de plaatselijke schoonheid was geweest, zoals men in deze bergen zegt. Er was een duidelijke rechtlijnigheid aan haar, en in de jeugdige lente van haar lopen: inderdaad, voor de ogen van een Parijzenaar zou zo'n ongerepte charme, zo onschuldig als levendig, zelfs hebben geleken op een zoete sensualiteit ... Ze had zich nooit in haar leven laten verleiden tot flirten of enige vorm van geaffecteerd gedrag" (Deel, 1, Hoofdstuk 3).*

In deel twee maakt Julien vaak ruzie met Mathilde. Madame de Rênal speelt de vrouw die hem troost en vergeeft.

MATHILDE

Terwijl in het eerste deel van de roman de relatie tussen Julien en Madame de Rênal centraal staat, komt in deel twee Mathilde de la Mole tussenbeide. Zij is arrogant, en kijkt sarcastisch naar het gedrag van degenen die haar onwelgevallig zijn. Terwijl ze haar vrijers overweegt, zien we dat: "ze dacht niet dat zulke mensen gemaakt waren om haar te begrijpen; als het erom ging een rijtuig te kopen, of een stuk onroerend goed, zou ze hen geraadpleegd hebben" (deel 2, hoofdstuk 14).

Ze is een energiek en veeleisend personage en bewondert heldendom en actie, waardoor ze verliefd wordt op Julien. Sorel is aanvankelijk niet in haar geïnteresseerd vanwege haar hypocrisie en arrogantie.

> "Julien geloofde dat Mademoiselle de La Mole het sluwe karakter van Machiavelli bezat. Een pose van dergelijke slechtheid was in haar ogen heel charmant – bijna de enige morele charme die zij genoot. Verveling, veroorzaakt door hypocrisie en al zijn deugdzame praatjes, bracht hem tot zulke buitensporige oordelen. Het was zijn verbeelding die hij prikkelde, in plaats van zich te laten meeslepen door de liefde" (Deel 2, Hoofdstuk 12).

> "Ik heb geleerd van dit hoogmoedige monster te houden" (Deel 2, Hoofdstuk 35).

Zij blijkt de vrouwelijke dubbelganger van Julien te zijn. Ze zien elkaar als gelijken of als rivalen, wat hun beweging tussen aantrekking en afstoting en hun tegenstrijdige gedrag verklaart. Aan de andere kant, wanneer hij gevangen zit, roept Mathilde's houding de minachting van Julien op.

SECUNDAIRE PERSONAGES

- Julien's vader, een gewelddadige en gierige timmerman;

- Monsieur de Rênal, de ijdele burgemeester van Verrières;

- De kinderen van Rênal, de enige mensen aan wie Julien zijn gevoeligheid zal tonen;

- De Markies de La Mole. Hoewel Julien hem respectloos vond, toont hij zich beschermender en vriendelijker dan Monsieur de Rênal;

- De aanvullende personages: Elisa, Amanda Binet, Fouqué en Madame Derville. Zij geven psychologische diepte aan de twee hoofdrolspelers;

- De politici van Verrières: Moirod, Cholin en vooral de rivalen van de Rênals, de Valenods;

- De aristocraten;

- De leden van de geestelijkheid.

ANALYSE

SUBJECTIEF REALISME

Het realisme is een literaire en artistieke stroming die halverwege de 19th eeuw begon. Realistische schrijvers probeerden de werkelijkheid zo goed mogelijk te beschrijven. Balzac, een prominent realistisch auteur, gaf de sociale omgeving waarin zijn personages zich ontwikkelden zo nauwgezet en objectief mogelijk weer.

Hoewel hij aan het begin van de eeuw schreef, hanteerde Stendhal een realistische benadering en schetste hij een nauwkeurig beeld van de maatschappelijke context. Ook liet hij zich voor zijn plot inspireren door rechtszaken die op dat moment plaatsvonden, wat ook een realistische methode is. Zowel de zaak van Antoine Berthet (*La Gazette des tribunaux*, december 1827) als die van Adrien Lafargue (1829), die beiden hun minnaressen vermoordden, dienden als eerste materiaal voor zijn verhaal.

Hij onderscheidt zich echter van realisten doordat in zijn verhalen de werkelijkheid alleen wordt gezien door de ogen van de hoofdpersonen. In *Het rood en het zwart* ziet de lezer de wereld alleen door de ogen van Julien en weet hij alleen wat hij vasthoudt.

Net als Montesquieu (in *Perzische brieven*) en Voltaire (in *De Huron*) gooit Stendhal zijn held in een maatschappij waar hij zich een buitenstaander voelt: de naïeve blik waarmee Julien de instellingen bekijkt, wordt op zijn beurt een satire op de maatschappij. Daarom kiest Stendhal voor een kritisch-realistische benadering.

In feite vertegenwoordigt deze "Kroniek van de 19th eeuw" (de subtitel van de roman) de Restauratiemaatschappij waarin mensen botsen en heersen:

- De bourgeoisie (gesymboliseerd door de Verrières), rijk en reactionair.

- De geestelijkheid (Besançon), wiens bemoeizucht geen grenzen kent.

- De aristocratie (Parijs), vol met haar eigen privileges.

Maar de nieuwe generatie, die was opgegroeid tijdens de Napoleontische oorlogen en de terugkeer van de Bourbons had meegemaakt, wilde ook glorie, ambitie en macht. Maar het vooruitzicht van een snelle opgang bestond niet in deze gerontocratische maatschappij die nieuwe ideeën afwees. Daarom vertegenwoordigt Julien de ervaring van de meeste Franse jongeren in die tijd. Waarheid, bittere waarheid' is een citaat van Danton dat gebruikt wordt als epigraaf voor het eerste deel van de roman en samenvat wat Stendhal schrijft. Hij wil de realiteit van die tijd laten zien, waarin jongeren moesten kiezen tussen het leger en de religie en geen andere weg konden bewandelen.

JULIEN'S AMBITIE

Julien Sorel wil ontsnappen aan zijn huidige status en droomt ervan de sociale ladder te beklimmen. Hij heeft geen connecties en heeft dus alleen zijn intelligentie om hem te helpen. Maar Sorel wendt zich tot twee mensen om zijn daden te inspireren:

- Napoleon. Julien las het *Mémorial de Sainte-Hélène* van Las Cases en bewaarde een portret van de keizer. Voor hem is Napoleon een voorbeeld van succes: hij was een relatief arme jongeman, maar hij was brutaal en klom op eigen kracht op in de maatschappij. Stendhal was net als zijn held Julien Sorel een Bonapartist; ook in *Het Charterhuis van Parma* verwijst hij naar Napoleon.

- Tartuffe. Molière's personage is een geveinsde toegewijde; zijn valse nederigheid verbergt zijn felle ambitie.

Om zich omhoog te werken, neemt de jongeman een plan aan dat gebaseerd is op hypocrisie: hij onthult nooit zijn ware gevoelens en zeker niet zijn bedoelingen, en de dingen die hij doet komen niet overeen met zijn gedachten. Hij bekijkt de wereld door cynische ogen. In zekere zin werkt dit als een legitieme verdediging.

Bovendien lijkt een kerkelijke carrière hem een goede manier om zich op te werken in de sociale hiërarchie. Door leraar te worden bij de de Rênals krijgt hij een voet tussen de deur van de provinciale bourgeoisie. Dan, terwijl hij voor de markies werkt, infiltreert hij in de aristocratie. Maar in het geheim kan hij het niet helpen zijn nieuwe entourage te vervloeken, die de high society vertegenwoordigt waarvan hij is uitgesloten. Als hij na het diner bij de Valenods vertrekt, vervloekt hij, na kleine praatjes en droge gesprekken, "Ah, uitschot! Uitschot!" (Deel 1, Hoofdstuk 22).

In zijn ambitieuze plan zijn vrouwelijke veroveringen ook belangrijk. Julien ziet verleiding als een militaire strijd en gebruikt dezelfde terminologie om de twee te beschrijven. In het begin laat hij geen ruimte voor gevoelens. Nadat hij de nacht heeft doorgebracht met een minnares, is het enige plezier dat hij voelt het volbrengen van zijn missie. Als hij zich zorgen maakt, dreigt zijn passie af te nemen en wordt hij afgeleid van zijn doel. Bovendien is het Julien die deze regels voor zichzelf opstelt, maar hij verduidelijkt dat hij de noodzaak voelt om deze regels op te stellen omdat hij van nature geen hypocriet is.

JULIEN'S FOUTEN

Terwijl Juliens doel in theorie goed gepland lijkt, blijkt de werkelijkheid heel anders te zijn dan hij had verwacht. In feite begint hij iets dat hij niet kan stoppen, en de incidenten volgen elkaar op, fout na fout.

- Naïviteit: gedurende het verhaal blijkt Julien naïever dan hij wilde zijn. Tot zijn verbazing ontdekt de jonge, verlegen man de lelijke gebeurtenissen die verborgen en verdoezeld worden door de sociale groepen met wie hij zich inlaat. Hij maakt onschuldig gebruik van de adviesbrief die prins Korassoff hem heeft gegeven over de kunst van het verleiden.

- Misverstanden. Er zijn veel misverstanden in het verhaal (zoals het duel). Deze misverstanden zijn vaak gênant voor Julien, en leiden hem af van zijn oorspronkelijke logica.

- Sympathie. Wanneer hij bij de markies aankomt, verwacht Julien nog meer arrogantie en pretentie te zien zoals bij Monsieur de Rênal. Hij denkt dat hij te maken heeft met de vijandelijke klasse. De overweging van de markies de la Mole veroorzaakt echter een barst in Juliens zekerheden, die zijn vastberadenheid bedreigt.

- Emoties. Julien is geen Don Juan en omdat hij de verleider wil spelen, loopt hij in zijn eigen val. De trots om iets te bezitten en bewonderd te worden bevredigt hem niet echt, vooral niet bij Madame de Rênal. Hij kan zich er niet van weerhouden de vreugde van tederheid te willen voelen. Aan het einde van zijn bestaan ontdekt hij de ware betekenis van het leven.

- Oprechtheid. Julien is van nature niet goed in het verbergen van dingen. Hij is gevoelig en (daardoor) snel beledigd, onhandig, roekeloos, verstrooid en opgewonden. Hij is niet goed in het kanaliseren van zijn agressiviteit. Daarom moet hij zich laten inspireren door de richtlijnen van Tartuffe. Zelfs in het huis van de Valenods laat hij zijn emoties de vrije loop en in het seminarie wordt hij geplaagd door zijn onvermogen om sluw te zijn. De poging tot moord op Madame de Rênal is een goed voorbeeld van de impulsiviteit van de minnaar. Zelfs tijdens het proces geeft hij de voorkeur aan een revolutionaire tirade in plaats van een zorgvuldige toespraak die hem voor onthoofding zou hebben behoed. Juliens ambitie kan niet verbergen wie hij is; hij is geen Rastignac!

EEN SNEL EN NATUURLIJK GESCHREVEN STUK

Stendhal schrijft snel met de woorden die in hem opkomen. In een brief aan zijn zus Pauline legt hij uit dat de snelheid waarmee hij schrijft ervoor zorgt dat de tekst eenvoudig, vloeiend en duidelijk is. Deze schrijfstijl beïnvloedt zowel de inhoud als de structuur van zijn roman:

- Het maakt de inhoud aannemelijk. Stendhal zag *Het rood en het zwart* als een kroniek waarin de gebeurtenissen elkaar zonder pauze opvolgen. Hij plant de details van elk hoofdstuk niet van tevoren en onderweg worden vergissingen gecorrigeerd. Om bijvoorbeeld de plotselinge vertrouwdheid van Julien met de markies te verklaren, legt de auteur later uit dat "de lezer misschien zal schrikken van deze vrije en bijna vriendelijke toon, maar we zijn vergeten te vermelden dat de markies al zes weken aan huis gekluisterd was door een aanval van jicht" (deel 2, hoofdstuk 7). De bedlegerige Markies de le Mole had niets beters te doen dan een gesprek te voeren met zijn secretaris. Paradoxaal genoeg geeft deze aanpak de verteller een natuurlijke stijl; we merken de onderliggende planning die bijna te goed geregeld is niet op, in tegenstelling tot bij Balzac, Zola of Proust;

- Dit beïnvloedt de beschrijving van het landschap: lange scènes zijn zeldzaam in dit verhaal. Natuurlijk is Stendhal zich ervan bewust dat het noodzakelijk is om de materiële werkelijkheid van de tijdsperiode weer te geven, maar *Het rood en het zwart is* geen historische roman; de lezer maakt de gebeurtenissen mee. Hierdoor kan Stendhal zich concentreren op de actie;

- De beschrijving van de personages is ook anders omdat de verteller ze niet onmiddellijk introduceert, in tegenstelling tot de drie bovengenoemde schrijvers die alle kenmerken van de personages beschrijven voordat ze in een scène komen. Stendhal, die streeft naar een natuurlijk ritme, kan het zich niet veroorloven de actie te onderbreken om de personages te benoemen en te beschrijven;

- De syntaxis is ook aangetast:

  ○ Interpunctie: Stendhal onderbreekt zelden de stroom van een zin. De komma vervangt moeiteloos alle andere interpunctie; puntkomma's, haakjes en zelfs punten. Hij verwijdert ook spraaktekens voor gedachten en dialoog (zonder streepjes te gebruiken). De dubbele punt wordt echter gebruikt om ons te helpen elke scène volledig te beleven. Alles wat hij in Madame de Rênal kon zien was een rijke vrouw: hij liet haar hand vallen, minachtend, en liep weg' (Deel 1, Hoofdstuk 9).

  ○ Verbindingswoorden: in dezelfde lijn worden in de tekst weinig verbindingswoorden gebruikt. De causaliteit die de twee zinnen met elkaar verbindt, kan zonder deze verbindingswoorden worden begrepen. Daarom is het niet nodig een beroep te doen op traditionele woorden als "daarom", "in feite" of zelfs "daarom".

  ○ Werkwoordsvormen: de auteur geeft de voorkeur aan werkwoorden in de actieve vorm. Hij verwijdert alle tegenwoordige deelwoorden en alles wat de woordstroom onderbreekt.

- Tenslotte veroorzaakt deze schrijfstijl enige slordigheid die Stendhal zelf later betreurt. Snel schrijven is goed; te snel schrijven is riskant. In zijn haast verknoeit de auteur effectief enkele passages.

  ○ Hij gebruikt enkele clichés, hoewel hij een hekel heeft aan retoriek: "die glimlach bleek fataal verlichtend" (deel 1, hoofdstuk 1), "in tranen opgelost" (deel 1, hoofdstuk 9), "verblind door woede" (deel 1, hoofdstuk 21), "wrede noodzaak, met haar ijzeren hand, dwong

Julien zijn wil te buigen" (deel 1, hoofdstuk 23), "zijn benen begaven het onder hem" (deel 1, hoofdstuk 25), "een zwart schaap" (deel 1, hoofdstuk 27), enz.

o We vinden ook enige herhaling door onoplettendheid. Zo wordt hetzelfde Shakespeariaans fragment gebruikt als epigraaf voor twee hoofdstukken. Ook staat er dat "Julien zich vernederd voelde", vervolgens dat hij "een vernederend zwijgen" onderging (deel 1, hoofdstuk 7). Verder staat er in één alinea 'zijn ogen keken maar zagen niet' en vervolgens 'hij keek zonder te zien' (Deel 1, Hoofdstuk 28). Deze fouten bederven echter niet de natuurlijke, oprechte en vertrouwde schrijfstijl.

VERDERE REFLECTIE

ENKELE VRAGEN OM OVER NA TE DENKEN...

- De roman bestaat uit twee delen. Hoe zijn ze verschillend en wat verbindt ze met elkaar?

- Wanneer gebruikt Julien een ladder? Vergelijk deze afleveringen.

- In hoofdstuk 19 van het tweede deel gebruikt Stendhal een ellips in plaats van uit te leggen wat er gebeurd is: waarom doet hij dat volgens jou?

- *The Red and the Black* maakt weinig specifieke historische verwijzingen. Waarom denk je dat dit zo is?

- Stendhal zet herhaaldelijk bepaalde woorden cursief of tussen aanhalingstekens. Waarom? Onderbouw je idee met voorbeelden uit de tekst.

- Op welke historische gebeurtenissen zinspeelt Stendhal via het thema van de plot en de plechtige verklaring van Julien voor de rechtbank?

- Als u een jurylid was, zou u Julien Sorel ter dood veroordeeld hebben? Verklaar uw standpunt.

- Welke overeenkomsten zijn er tussen *Het rood en het zwart* en *Het Charterhuis van Parma,* de andere grote roman van Stendhal (plot, perceptie van de vrouw, karakterisering van de held, enz.)

- Welke overeenkomsten zijn er tussen *Het rood en het zwart* en *Madame Bovary* van Flaubert? Waarin verschilt de roman van Stendhal bovendien van *La Princesse de Clèves* van Madame de la Fayette en *De nieuwe Heloise* van Rousseau?

VERDER LEZEN

REFERENTIE-UITGAVE

Stendhal (2004) *Het rood en het zwart.* Trans. Raffel, B. New York: Modern Library Classics.

REFERENTIESTUDIES

Beaumarchais, J.-P. en Couty, D., eds. (2001) *Dictionnaire des grandes œuvres de la littérature française.* Parijs: Larousse-VUEF.

Dantzig, C. (2005) *Dictionnaire égoïste de la littérature française.* Parijs: Grasset.

Claudon, F. (1998) Stendhal. in J.-C. Polet, ed., *Patrimoine littéraire européen. 10. Gestation du romantisme.* Brussel: Université De Boeck.

Klein, C. en Lidsky, P. (1971) *Le Rouge et le Noir. Stendhal.* Parijs: Hatier.

*We horen graag van jou! Laat
een reactie achter op jouw online bibliotheek
en deel je favoriete boeken op social media!*

De uitgever garandeert de betrouwbaarheid van de gepubliceerde informatie, die echter niet onder zijn verantwoordelijkheid valt.

www.50minutes.com

Master ISBN: 9782808687768
Papier ISBN: 9782808699167
Wettelijk depot: D/2023/12603/1196

Omslag: © Primento

Digitaal ontwerp: Primento, de digitale partner van uitgevers.